GUERRA DE SECESIÓN
Y RECONSTRUCCIÓN

★

REBELIÓN Y RESTABLECIMIENTO

LA RECONSTRUCCIÓN
DE ESTADOS UNIDOS

JOANNE RANDOLPH
TRADUCIDO POR ALBERTO JIMÉNEZ

★

PowerKiDS
press™

Published in 2020 by The Rosen Publishing Group, Inc.
29 East 21st Street, New York, NY 10010

Race Relations by Andrew Matthews from Cobblestone Magazine (December 2006)
Reconstructing America by Craig E. Blohm from Cobblestone Magazine (February 2001)
Weighing in on Civil Rights by Ruth Tenzer Feldman from Cobblestone Magazine (January 2003)

ISBN 9781725316065 (pbk.)
ISBN 9781725316072 (eBook) |

Translator: Alberto Jiménez
Designer: Katelyn E. Reynolds
Editor: Joanne Randolph

Photo credits: Cvr, pp. 1, 5, 6, 8, 12, 13, 14 (all), 17, 19 courtesy of the Library of Congress; cvr, pp. 1–32 (background texture) javarman/Shutterstock.com; cvr, pp. 1–32 (flags) cybrain/Shutterstock.com; cvr, pp. 1–32 (scroll) Seregam/Shutterstock.com; p. 10 Art and Picture Collection, The New York Public Library. "Freedmen Voting In New Orleans." New York Public Library Digital Collections. Accessed February 2, 2018. http://digitalcollections.nypl.org/items/510d47e1-3fd9-a3d9-e040-e00a18064a99; p. 19 Artindo/Shutterstock.com; p. 21 -/AFP/Getty Images; p. 22 Poet Sage Photos/Shutterstock.com; p. 24 Carl Iwasaki/The LIFE Images Collection/Getty Images; p. 26 Tom/Wikipedia.org (http://photolab.lbjlib.utexas.edu/detail.asp?id=18031); p. 29 a katz/Shutterstock.com

Manufactured in the United States of America

CPSIA Compliance Information: Batch #CG19WL: For Further Information contact Rosen Publishing, New York, New York at 1-800-237-9932

CONTENIDO

La Reconstrucción de Estados Unidos 4

Conflictos raciales 16

Tras la Reconstrucción 20

Glosario 30

Para más información 31

Índice..32

LAS PALABRAS DEL GLOSARIO SE MUESTRAN EN **NEGRITA** LA PRIMERA VEZ QUE APARECEN EN EL TEXTO.

LA RECONSTRUCCIÓN DE ESTADOS UNIDOS

Incluso antes de que la guerra de Secesión finalizara, el presidente Abraham Lincoln había empezado a considerar cómo debían recibir en la Unión a los estados confederados.

Concebido en 1863, su plan de Reconstrucción fue muy **indulgente**. Lincoln decidió que si el 10 % de los votantes del estado confederado firmaba un juramento de lealtad a Estados Unidos, el estado sería readmitido en la Unión. También quería dar a los negros recién liberados el derecho a votar. Pero sus planes fueron recibidos con desconfianza. Un grupo de congresistas, conocidos como los Republicanos **Radicales**, quería castigar a los estados secesionistas. Lincoln no estaba de acuerdo con ese plan y se opuso a su **legislación**. Bajo su punto de vista, era más importante reconstruir la Unión que castigar al Sur.

ESTA FOTO DEL PRESIDENTE LINCOLN
SE TOMÓ EL 9 DE AGOSTO DE 1863 MIENTRAS
EL PAÍS SEGUÍA ENVUELTO EN LA GUERRA CIVIL,
O GUERRA DE SECESIÓN.

ANDREW JOHNSON FUE EL DECIMOSÉPTIMO
PRESIDENTE DE ESTADOS UNIDOS,
DESDE 1865 HASTA 1869.

Después, en 1865, Lincoln fue asesinado. Su vicepresidente, Andrew Johnson, se convirtió en el jefe del país. Los Republicanos Radicales pensaron que el nuevo presidente los apoyaría.

Sin embargo, Johnson tenía sus propias ideas sobre la Reconstrucción. Su plan consistía en conceder el indulto a los sureños que firmaran un juramento de lealtad. A los estados del Sur se les permitiría constituir nuevos gobiernos y solicitar la readmisión en la Unión. Anunció también que todas las tierras que la Unión había incautado y repartido entre los esclavos liberados durante la guerra serían devueltas a sus antiguos dueños. Los Republicanos Radicales no estaban dispuestos a concederle al Sur tantos privilegios, ni a permitirle formar gobiernos estatales sin supervisión ni intervención federal.

No obstante, cuando el Congreso se reunió en el otoño de 1865, el radical grupo impidió que los ex congresistas confederados ocuparan sus escaños. En consecuencia, los sureños se comprometieron a idear su propio plan de reconstrucción. Mientras en Washington D. C. los políticos proseguían con sus disputas, en el Sur los blancos y los afroamericanos se enfrentaban a problemas más urgentes.

ESTA FOTOGRAFÍA,
TOMADA EN ABRIL DE 1865,
MUESTRA RICHMOND, VIRGINIA EN RUINAS.

Durante la guerra de Secesión, las ciudades sureñas fueron destruidas y las zonas rurales se convirtieron en lo que un periodista describió como "una amplia franja negra de ruina y desolación". Además de la destrucción física, la guerra y sus secuelas afectaron psicológicamente a la población blanca del Sur. La derrota los humilló; los norteños se inmiscuían en sus asuntos legales para obligarlos a cumplir con la Reconstrucción y, por si fuera poco, los afroamericanos participaban en los gobiernos estatales.

Las iglesias negras florecieron por la región sureña para ofrecer un sentido de comunidad a los esclavos recién **emancipados**. En diciembre de 1865, se ratificó la Decimotercera **Enmienda** a la Constitución de Estados Unidos, que abolía definitivamente la esclavitud.

En esta imagen se ve a los libertos (esclavos liberados) votando en Nueva Orleans.

Aunque los afroamericanos eran legalmente libres, los blancos sureños no los consideraban ciudadanos con derechos plenos. Para controlar a los libertos (esclavos liberados), el Sur promulgó los Códigos Negros, unas leyes que les concedían ciertos derechos, como el de propiedad, pero coartaban muchos otros. No podían tener armas de fuego, ni reunirse, ni formar parte de un jurado. Además, si no encontraban trabajo podían ser arrestados por **vagancia**. A menudo, se veían obligados a firmar contratos por salarios míseros y, generalmente, solo los contrataban para labores agrícolas o domésticas.

El Congreso fue consciente de que solo las enmiendas a la Constitución garantizarían sus derechos. Las Decimocuarta y Decimoquinta Enmiendas se aprobaron en 1868 y 1870, respectivamente. Con ellas, los afroamericanos eran casi iguales ante la ley y podían votar con libertad. Esto no acabó con la discriminación por motivos de género: las mujeres no lograron su derecho al voto hasta 1920.

Sin embargo, pese a cierta igualdad constitucional, los afroamericanos continuaban sufriendo un trato injusto que a menudo amenazaba sus vidas.

ESTE ARTÍCULO PUBLICADO
EN *HARPER'S WEEKLY* EN 1866
DESCRIBE LOS DISTURBIOS
EN MEMPHIS, TENNESSEE.

★

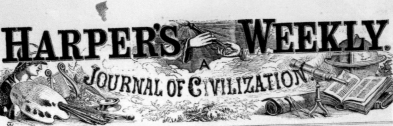

HARPER'S WEEKLY.

A JOURNAL OF CIVILIZATION.

VOL. X.—No. 491.]   NEW YORK, SATURDAY, MAY 26, 1866.   [SINGLE COPIES TEN CENTS.
[$4.00 PER YEAR IN ADVANCE.

Entered according to Act of Congress, in the Year 1866, by Harper & Brothers, in the Clerk's Office of the District Court for the Southern District of New York.

THE MEMPHIS RIOTS.

THERE was in Memphis, on the first two days of May, an excitement unequaled since the close of the war. The origin of the disturbance between the whites and negroes of that city was highly discreditable to the colored soldiers, and the riotous proceedings which followed were a disgrace to civilization. For the riot the lower class of white citizens were as responsible as were the soldiers of the Third United States Colored Infantry for the original difficulty. This regiment, whose reputation has been a bad one, had been mustered out, since which they had frequented whisky-shops in the southern part of the city, and had been guilty of excesses and disorderly conduct. On the evening of May 1 some drunken members of the regiment were on South Street, talking noisily, when in an insolent manner they were ordered by two policemen to cease their noise and disperse. Words ensued, followed by blows, throwing of missiles, and firing of revolvers.

To understand what followed it must be remembered that the police force of Memphis is composed mostly of Irishmen, whose violent prejudice against negroes was so shamefully displayed in the New York riots of 1863. The *Times* correspondent thus described the riot:

Word was sent to police head-quarters, and the whole force at once proceeded to the scene of the fray, being joined on the way thither by armed and excited citizens. Meanwhile the firing had brought other negroes to the spot, some armed with clubs and some with revolvers, so that by the time the police force came up the two parties were about equal in number. The negroes held the original position, and, upon the approach of the police, showing no determination to abandon it, were fired upon by the police and citizens who accompanied them. This fire was returned, and for a while both parties busied themselves in discharging their revolvers as rapidly as possible. Meanwhile word was sent to General SNEAKMAN, who promptly dispatched to the scene of action a company of Regular soldiers, when the negroes were quickly dispersed and driven in every direction.

During the evening the wildest and most exaggerated reports ran spread throughout the city. Every conceivable cause of the intelligence of the fight told a different story, and the highest excitement prevailed. Each rumor placed a worse aspect upon the affair than the preceding one, and only served to develop the pent-up prejudices against the negro. Soon after dark this excitement and prejudice found vent. Large numbers of armed citizens repaired to the scene of the fight and commenced firing upon every negro who made himself visible. One negro came down street, a quiet, inoffensive laborer, was shot down almost in front of his own cabin, and after this was evident his body was fired into, and beat in a most horrible manner. In all parts of the city, wherever they could be seen, negroes were fired upon by policemen as well as citizens. They were shot while driving hacks, and quickly walking in the streets about their business. The police seemed to make it their especial business to shoot every negro they could see, no matter where he was or what he was doing. The tumult was that by 9 o'clock the colored population were in-doors trembling with old alarm. How many negroes were killed during the night it is impossible to ascertain, as frightful as constantly being mentioned during the continuous fusillade. It is estimated that from 15 to 20 were killed. So far as I have been able to learn, not a white man was fired upon by a negro during the whole night.

After the fight of Tuesday evening the negro soldiers and most of the colored population remaining in the vicinity of the fight fled to the fort for security. They were perfectly quiet—in fact, were terrified by this moment for their own safety. At an early hour yesterday morning every thing

SCENES IN MEMPHIS, TENNESSEE, DURING THE RIOT—BURNING A FREEDMEN'S SCHOOL-HOUSE.

[Sketched by A. R. W.]

SCENES IN MEMPHIS, TENNESSEE, DURING THE RIOT—SHOOTING DOWN NEGROES ON THE MORNING OF MAY 2, 1866.—[Sketched by A. R. W.]

Los enfrentamientos de 1866 entre afroamericanos y blancos en Memphis, Tennessee, y Nueva Orleans, Luisiana, dejaron casi 100 negros muertos o heridos. A partir de 1865, jinetes nocturnos vestidos con túnicas y capuchas blancas plagaban el Sur. Constituían el llamado Ku Klux Klan (KKK), una organización secreta cuyo objetivo principal era impedir que los negros votaran. Para lograrlo, aterrorizaban a los afroamericanos con amenazas y violencia física. Los linchamientos, palizas y disparos a negros y sus simpatizantes blancos fueron habituales en el Sur durante la época de la Reconstrucción.

MIEMBROS DEL KU KLUX KLAN

Las instalaciones separadas
para blancos y negros
se encontraban por todo el Sur.

Con el término de la Reconstrucción en 1877, llegó el fin de los avances de los ciudadanos negros. En las décadas de 1880 y 1890 se promulgaron leyes de segregación racial, conocidas como "leyes de Jim Crow", que los **discriminaban** aún más. Llamadas así por un personaje de vodevil, estas leyes fomentaban la separación de razas en trenes, tranvías, restaurantes, parques, escuelas y otros lugares públicos. En 1896, la Corte Suprema de Estados Unidos confirmó la legalidad de las instalaciones (con el lema "separados pero iguales"), aunque las de los negros solían ser bastante inferiores.

Los afroamericanos ya no eran esclavos, pero ¿eran realmente libres? Una respuesta reveladora vino del futuro presidente James Garfield: "¿Qué es la libertad?", preguntó en 1865. "¿Es el simple privilegio de no estar encadenado? Si eso es todo, entonces la libertad es una amarga burla, una cruel ilusión". Solo a través del trabajo de activistas como Ida B. Wells, este engaño daría paso a la verdadera liberación.

CONFLICTOS RACIALES

Después de la guerra de Secesión, el Sur se negó a apoyar las enmiendas sobre derechos civiles de las décadas de 1860 y 1870, las cuales garantizaban las libertades de los afroamericanos. En el Sur, aumentaron los actos de violencia contra los esclavos recién liberados y otros estadounidenses negros, y el Ku Klux Klan siguió atacándolos brutalmente para impedir que ejercieran sus derechos políticos.

Puede que Ulysses S. Grant no fuera un verdadero **abolicionista**, pero creía que los negros merecían un trato justo y estaba decidido a imponer su autoridad presidencial para aplicar la ley. Entre 1870 y 1871, aprobó las llamadas Leyes de Aplicación. Específicamente dirigidas al KKK, protegían los derechos y libertades recién adquiridos de los afroamericanos, como votar, ocupar cargos públicos o ser miembros de un jurado.

ULYSSES S. GRANT, AFAMADO GENERAL
DEL NORTE EN LA GUERRA DE SECESIÓN,
FUE EL DECIMOCTAVO PRESIDENTE
DE ESTADOS UNIDOS, DE 1869 A 1877.

ESTADOS
UNIDOS

SANTO
DOMINGO

Grant también propuso **anexionar** Santo Domingo (actualmente República Dominicana) a Estados Unidos para reubicar a los **oprimidos** negros del Sur. Según él, si los terratenientes blancos pensaban que los afroamericanos tenían otro lugar adonde ir, los tratarían mejor y les pagarían más para que se quedaran en las **plantaciones**. La idea no tuvo éxito.

En el fondo, Grant no tenía capacidad para resolver los conflictos raciales. Una vez, cuando unos blancos intentaron expulsar a los políticos negros legalmente elegidos en Luisiana, Grant envió al ejército a restaurar el orden. Sin embargo, esta demostración de fuerza solo sirvió para enfurecer más a los sureños y alarmar a los norteños.

En 1873, la **depresión** económica se convirtió en el asunto primordial. Pasaría casi un siglo antes de que el país volviera a centrarse en los derechos civiles para terminar lo iniciado durante la guerra de Secesión.

SANTO DOMINGO, 1871

TRAS LA RECONSTRUCCIÓN

A causa de los **prejuicios** acumulados durante la guerra y la Reconstrucción, el avance político y económico de los afroamericanos fue más lento. Además, las leyes Jim Crow prohibían que los blancos y los negros utilizaran los mismos servicios públicos, como transportes, escuelas, iglesias o restaurantes. No obstante, en las décadas de 1950 y 1960, unos líderes valientes comenzaron a presionar para cambiar la vida de los oprimidos.

Por desgracia, el movimiento por los derechos civiles de los años cincuenta y sesenta no resolvió los problemas de los negros, sino que además desestabilizó el equilibrio entre los poderes del Gobierno. En esas décadas de tremendo cambio social, el gobierno de la nación rara vez habló con una sola voz. Sus tres poderes tomaron la iniciativa en la promoción del cambio en diferentes momentos. Algunas veces a favor y otras no.

MARTIN LUTHER KING JR. DEFIENDE
LOS DERECHOS CIVILES EN SU DISCURSO
DEL 28 DE AGOSTO DE 1963,
DURANTE LA "MARCHA DE WASHINGTON".

LA CORTE SUPREMA
(EL MÁS ALTO TRIBUNAL DE ESTADOS UNIDOS)
SE ENCUENTRA EN WASHINGTON D. C.

★

Tras la guerra de Secesión (1861-1865), se aprobaron las enmiendas Decimotercera, Decimocuarta y Decimoquinta de la Constitución estadounidense, que otorgaban a los libertos los derechos que antes se les negaban. Sin embargo, la interpretación que hacían de esas leyes tanto los estados como el gobierno federal favorecía la permanencia de la discriminación.

La Corte Suprema fue el primer órgano del gobierno federal que precisó los derechos de los negros. Lo cual no significa que siempre haya apoyado los derechos de las minorías. En ocasiones, sus sentencias solo reflejaban las opiniones de los gobernantes. Pero los tiempos cambian y con ellos los magistrados. Una muestra de ello fue que, en la década de 1950, el alto tribunal se decantó a favor de la igualdad racial.

Pero el Congreso no legisló de manera acorde. Por ejemplo, poco después de la Segunda Guerra Mundial, la facultad de derecho de la Universidad de Texas se negó a admitir a Heman Sweatt, un veterano negro. Incluso abrió una escuela de derecho para negros, en la mejor tradición de la segregación racial. Sweatt los denunció. En 1950, con un fallo (sentencia) basado en su interpretación de la Constitución, la Corte Suprema ordenó a la universidad que admitiera a Sweatt en la facultad de derecho.

ESTAS SON LAS FAMILIAS
CUYA DENUNCIA DIO LUGAR A UN CASO
QUE MARCARÍA UN HITO HISTÓRICO:
Brown vs. Consejo de Educación de Topeka, KANSAS.

Una de las sentencias más famosas de la Corte, que eliminó las escuelas **segregadas**, fue la del caso *Brown vs. Consejo de Educación de Topeka*, Kansas (1954). El caso involucró a los distritos que toleraban o demandaban escuelas separadas para los afroamericanos. En el distrito de Topeka, las escuelas para niños negros eran muy inferiores a las de los blancos. La Corte determinó que, en este caso, la segregación era discriminatoria.

Entre 1955 y 1969, hubo muchos cambios respecto a los derechos civiles. Las leyes de segregación y las legislaciones estatales se convirtieron en una **cuestión candente**. ¿Quién tenía la última palabra en la interpretación de las leyes del país? La gente y los gobiernos de ciertas zonas del Sur no querían que el gobierno federal se inmiscuyera en temas locales. Los partidarios de ambos bandos salieron a la calle para expresar su opinión.

Hubo varios casos en los que el ejecutivo se inclinó a favor del movimiento por los derechos civiles. En 1957, el gobernador de Arkansas trató de impedir que nueve estudiantes negros asistieran a la Escuela Secundaria Central de Little Rock y llamó a la **Guardia Nacional** del estado. Pero el presidente Dwight D. Eisenhower acató el fallo del caso *Brown vs. Consejo de Educación de Topeka* y envió soldados a Little Rock con órdenes de proteger a los nueve adolescentes.

MARTIN LUTHER KING JR. MIRA CÓMO
EL PRESIDENTE LYNDON B. JOHNSON FIRMA
LA LEY DE DERECHOS CIVILES DE 1964.

Otro caso de intervención presidencial ocurrió en 1962. El presidente John F. Kennedy ordenó a los alguaciles federales que escoltaran a un joven negro, James Meredith, a la Universidad de Misisipi. Cuando los disturbios amenazaron la seguridad de Meredith y de los alguaciles, Kennedy envió 16 000 soldados para protegerlos y controlar a la multitud. Las tropas federales permanecieron en la universidad hasta que Meredith se graduó un año después.

A medida que más y más personas expresaban su deseo de leyes que pusieran fin a la discriminación racial, los funcionarios electos del Congreso tomaron la iniciativa al aprobar la Ley de Derechos Civiles de 1964, la Ley de Derecho al Voto de 1965 y la Ley de Derechos Civiles de 1968. La ley de 1964, aprobada en el Congreso por el presidente Lyndon B. Johnson, ha demostrado ser una de las piezas más importantes de la legislación de derechos civiles hasta la fecha.

Una de las disposiciones de esta ley garantiza la igualdad de acceso a lugares públicos, sin importar la raza. Lester Maddox, propietario de un restaurante para blancos en Georgia, impugnó esta ley ante la Corte Suprema. Los jueces fallaron en su contra, declarando que el Congreso tenía la potestad de regular el alojamiento de los viajeros bajo la cláusula de comercio interestatal de la Constitución. Del mismo modo, en la Ley de Derecho al Voto, el Congreso disponía que los inspectores federales podían supervisar el registro de votantes, así como las elecciones estatales y del condado.

Carolina del Sur presentó una demanda ante la Corte Suprema para impedir estas inspecciones, argumentando que la ley infringía los derechos de los estados. La Corte Suprema dictaminó que, en virtud de la Decimoquinta Enmienda, el Congreso había actuado correctamente al proteger el derecho de los ciudadanos a votar sin tener en cuenta su raza. Sin duda, en el siglo XX se precisó el esfuerzo de los tres poderes del gobierno federal para conseguir la igualdad de derechos para todos los ciudadanos estadounidenses.

Aunque la Reconstrucción terminó oficialmente en 1877, los afroamericanos tuvieron que esperar un siglo para alcanzar la igualdad de derechos y ver ciertos resultados en las décadas de 1950 y 1960. Aun así, queda un largo camino para conseguir la verdadera igualdad. Sigue habiendo prejuicios, pero los estadounidenses se esfuerzan a diario para mejorar la vida de todos.

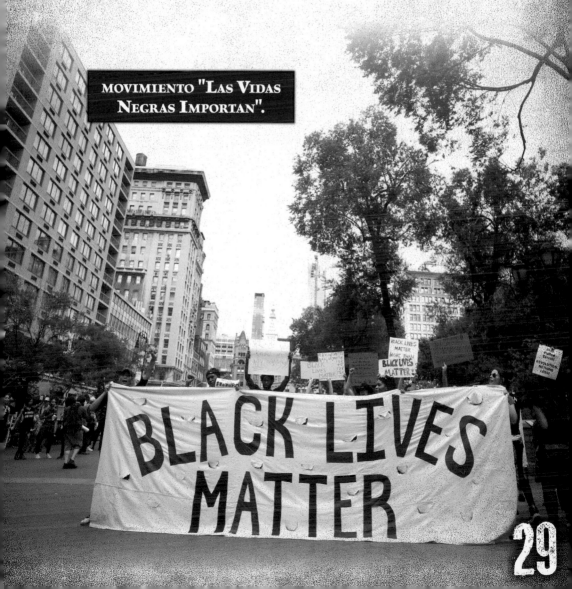

MOVIMIENTO "LAS VIDAS NEGRAS IMPORTAN".

GLOSARIO

abolicionista: partidario de abolir (anular) leyes injustas, como las de la esclavitd o la segregación racial.

anexionar: unir o incorporar algo, especialmente un país o parte de este a otro.

cuestión candente: asunto de máxima actualidad.

depresión: largo periodo de baja actividad económica, caracterizado por el desempleo.

discriminar: tratar mal a una persona o a un grupo de personas por quiénes sean, típicamente por su raza, sexo, religión u otras causas.

emancipado: liberado.

enmienda: cambio o adición a un documento legal o a la Constitución de Estados Unidos.

Guardia Nacional: unidades de la reserva militar controladas por los estados, equipadas por el gobierno federal y sujetas a ser llamadas por cualquiera de ellos.

indulgente: compasivo, que perdona.

legislación: conjunto de leyes sobre un tema.

oprimido: sometido a las vejaciones, las humillaciones o a la tiranía de otro.

plantación: finca en que se cultivan plantas de una misma clase, como algodón.

prejuicio: desprecio, hostilidad o miedo hacia alguien o algo que en realidad no se conoce.

radical: relacionado con un cambio político o social absoluto.

segregar: separar a las personas por imperativo legal discriminatorio. La segregación se basa generalmente en la raza.

vagancia: acción de andar sin rumbo y carecer de casa o trabajo estable.

PARA MÁS INFORMACIÓN

★

LIBROS

Latta, Susan. *Reconstruction Era*. Minneapolis, MN: Core Library, 2014.

Marsico, Katie. *The Reconstruction Era*. Vero Beach, FL: Rourke Educational Media, 2013.

SITIOS DE INTERNET

Reconstruction

http://www.history.com/topics/american-civil-war/reconstruction

Tracing Center: Reconstruction, Jim Crow and the Civil Rights Era

http://www.tracingcenter.org/resources/background/reconstruction-jim-crow-and-the-civil-rights-era/

ÍNDICE

C

caso *Brown vs. Consejo de Educación de Topeka*, 24, 25
Congreso, 7, 11, 23, 27, 28
Corte Suprema (Estados Unidos), 15, 22, 23, 24, 28

E

Eisenhower, Dwight D., 25
Enmienda
    Decimocuarta, 11, 23
    Decimoquinta, 11, 23, 28
    Decimotercera, 9, 23

G

Garfield, James, 15
Grant, Ulysses, 16, 17, 19

J

Johnson, Andrew, 6, 7
Johnson, Lyndon B., 26, 27

K

Kennedy, John F., 27
King, Martin Luther, Jr., 21, 26
Ku Klux Klan (KKK), 13, 16

L

Ley de Derecho al Voto, 27, 28
Leyes de Aplicación, 16
Leyes de Derechos Civiles, 26-27
Lincoln, Abraham, 4, 5, 7

M

Maddox, Lester, 28
Meredith, James, 27

R-S

Republicanos Radicales, 4, 7
Sweatt, Heman, 23